빈민가의 못난이 방송계의 신화가 되다

오프라 윈프리

나도 이렇게 되고 싶어요 16
빈민가의 못난이 방송계의 신화가 되다
오프라 윈프리

초판 1쇄 발행 2004년 10월 5일 ＼**초판 10쇄 발행** 2018년 7월 10일
글쓴이 이창숙 ＼**그린이** 안창숙 ＼**펴낸이** 이영선 ＼**편집 이사** 강영선 김선정 ＼**주간** 김문정
편집장 임경훈 ＼**편집** 김종훈 이현정 ＼**디자인** 정경아
독자본부 김일신 김진규 김연수 정혜영 박정래 손미경 김동욱

펴낸곳 파란자전거 ＼**출판등록** 1999년 9월 17일(제406-2005-000048호)
주소 경기도 파주시 광인사길 217(파주출판도시) ＼**전화** (031)955-7470 ＼**팩스** (031)955-7469
홈페이지 www.paja.co.kr ＼**이메일** booksea21@hanmail.net

ISBN 978-89-89192-40-4 73990
값 6,500원

파란자전거는 도서출판 서해문집의 어린이 책 브랜드입니다. 페달을 밟아야 똑바로 나아가는 자전거처럼
파란자전거는 어린이와 청소년이 혼자 힘으로도 바르게 설 수 있도록 도와줍니다.

어린이제품안전특별법에 의한 제품 표시
제조자명 파란자전거 ＼**제조년월** 2018년 7월 ＼**제조국** 대한민국 ＼**사용연령** 만 9세 이상 어린이 제품

나 도 이렇게 되고 싶어요
16

빈민가의 못난이
방송계의 신화가 되다

오프라 윈프리

글 이창숙 | 그림 안창숙

파란자전거

'토크쇼의 여왕' 오프라 윈프리

　많은 어린이들이 이 다음에 커서 방송인이 되고 싶어 합니다.

　어떤 사람들이 방송인일까요? 먼저 라디오나 텔레비전에서 뉴스를 전해 주는 아나운서나 리포터가 방송인이고요, 가요 방송이나 퀴즈 쇼의 진행자들과 가수, 코미디언뿐 아니라 드라마에 나오는 탤런트도 다 방송인입니다. 이렇듯 하는 일이 달라도 방송을 만든다는 점에서는 다 방송인이라고 부를 수 있지요.

　그러나 굳이 구분을 하자면 사회나 국가에 도움이 되는 공익성과 여러 사람의 생각을 모으는 공공성을 중요시하는 보도 방송이나 교양 프로그램에서 일하는 방송인과, 사람들의 생활을 즐겁게 해 주는 오락 방송에서 일하는 방송인으로 나눌 수 있어요.

'방송의 힘'은 아주 큽니다.
특히 드라마나 오락 방송에 나오는 연예인들이 사람들에게
미치는 힘은 대단합니다. 인기 연예인의 말은 유행어가 되고,
노래는 음반이 되어 팔리고, 드라마에서 배우가
착용하고 나온 옷이나 목걸이 등은 많은 사람이 따라합니다.
뿐만 아니라 인기가 생기면 돈도 많이 벌 수 있으니,
연예인은 요즘 우리 사회에서 꽤 성공한 사람이라고
여겨집니다.

공익성을 목적으로 하는 방송이 우리에게 미치는 영향도
결코 작지 않습니니다. 뉴스나 다큐멘터리, 교양 방송도
우리의 생각과 생활에 알게 모르게 영향을 끼칩니다.
예를 들어 뉴스에서 수입 농산물보다 우리 농산물이 몸에
좋다고 하면, 사람들은 값이 조금 비싸더라도 우리 농산물을
삽니다. 죽어 가는 새나 벌거숭이 숲, 더러운 갯벌 등
환경문제를 파헤친 방송을 하면 사람들은 다시 한 번
환경보호의 중요성을 깨닫습니다. 또 홍수나 화재가 난 곳을
카메라로 낱낱이 보여 주면서 전 국민 이웃 돕기 방송을 하면,

사람들은 너나 할 것 없이 성금함에 돈을 넣지요.

방송 중에는 전국 방송망을 통해 여러 사람의 의견을 모아 나라에서 어떠한 정책을 만드는 데 영향을 끼치고자 하는 정책 토론 방송도 있어요. 대체로 어린이들에겐 어렵고 지루한 편이지요. 하지만 만약 공휴일이 너무 많으니 '어린이날'을 없애자는 주제로 방송 토론회를 한다면 어떨까요? 어린이 여러분들도 꼭 참여하고 싶겠지요?

토론회 중에는 이렇게 딱딱한 토론회뿐 아니라 연예인이나 유명한 사람들이 나와서 자기가 살아가는 이야기를 하거나 어떤 문제에 대해 자신의 생각을 말하며 즐거움을 선사하는 오락성 토론 방송도 있어요. 바로 토크쇼가 그것입니다.

토크쇼는 텔레비전이나 라디오에서 사람들을 초대해 이야기를 듣고 질문도 하며 시청자들과 공감을 나누는 방송의 한 가지입니다. 출연자는 토크쇼마다 달라서 유명인도 있고 보통 사람도 있습니다. 이야기의 주제는 일상생활에서 일어나는 크고 작은 사건들이 대부분이지만

　가끔은 사회와 국가의 중요한 문제나 사건을 다루기도 해요. 여러 사람이나 또는 한 사람이 출연해 하나의 주제로 자신의 이야기를 하는 거지요.
　그러므로 토크쇼는 지식이 풍부하고 말솜씨 좋은 진행자가 필요합니다. 진행자는 출연자와 참여한 사람들이 편히 말할 수 있도록 도와주고 넘치는 얘기들을 잘 정리해야 합니다. 그러려면 먼저 다른 사람들의 이야기를 잘 들어주고 말도 또박또박 잘 해야겠지요.

　토크쇼는 그 역사가 오래되진 않았지만 보통 사람들도 직접 참여할 수 있기 때문에 점점 그 인기가 올라가고 있습니다. 현재 미국을 비롯해 전 세계 130여 개국에서 20년 가까이

수많은 시청자들을 웃기고 울리는 토크쇼가 있습니다.
바로 〈오프라 윈프리 쇼〉예요.
평균 시청률 1~2위를 기록하며 그렇게 오랫동안 여러 나라 많은 사람들에게 인기가 있다니 정말 놀랍지요?

〈오프라 윈프리 쇼〉를 보는 사람들은 이 토크쇼를 마치 가족처럼 친근하게 여깁니다. 보통 사람들이 생활 속에서 겪는 어려움이나 사회의 문제점을 함께 보고 이야기하면서 "바로 그게 내 말이야." 하고 고개를 끄덕이게 하거든요. 이 놀라운 토크쇼를 이끌며 일주일에 한 번씩 전 세계 2억 명에 가까운 사람들을 텔레비전 앞으로 불러 모으는 사람 바로 오프라 윈프리입니다.

오프라 윈프리는 〈타임〉지가 선정한 '20세기에 가장 영향력 있는 인물 100명' 중 하나로 뽑힌 유명 인사입니다. 또 연예인 중 최고의 재산을 가진 여성이기도 합니다.

오프라 윈프리는 인종 차별이 심한 미국 남부 지방에서 흑인으로 태어나 가난하고 평탄치 못한 가정을 오가며

성장했습니다. 결코 뛰어나다고 할 수 없는 용모를 가지고 있습니다. 그러다 보니 10대에는 많은 실수를 저지르며 방황을 하기도 했습니다. 그러나 오직 '내 힘으로 성공하고야 말겠다!' 하는 굳은 의지와 끝없는 노력으로 어려운 환경과 좌절을 이겨 내고 이 같은 성공을 이룬 것입니다.

그러나 오프라는 방송인으로서의 성공에 머물지 않았습니다. 남다른 성공에 뒤따른 엄청난 재산과 명성을 가난한 흑인, 학대받는 여성과 어린이를 위해 값지게 쓰는 훌륭한 자선 사업가가 된 것이죠!

오프라 윈프리라는 여성의 삶을 통해 어린이 여러분들이 꿈을 이루기 위해서 어려운 환경을 이겨 내려면 어떻게 해야 하는가를 배우기 바랍니다.

자, 이제 방송인 오프라 윈프리의 삶 속으로 들어가 볼까요?

··차 례··

'토크쇼의 여왕' 오프라 윈프리 ··4

잘못 붙여진 이름 ··12
말 잘하는 아이 ··18
백인이 되고 싶어요 ··28
"싫어요. 안 돼요."라고 크게 외칠걸! ··39

길을 잃은 오프라 ··48
아버지의 단단한 고삐 ··56
미인 대회를 휩쓴 흑인 소녀 ··60
흑백 갈등의 시기를 지나 ··69
병아리 뉴스 진행자 ··74
물 만난 물고기처럼 ··79
〈오프라 윈프리 쇼〉, 에미상을 수상하다 ··95
오프라의 힘 ··101

잘못 붙여진 이름

응아…….

갓난아기의 우렁찬 첫울음 소리가 울려 퍼졌습니다.

"씩씩하게 생긴 여자 아이로군요. 그런데 이름이 뭐라구요?"

아기 낳는 걸 도와주기 위해 온 조산사가 아기 엄마에게 물었습니다. 막 태어난 아이의 출생신고를 하기 위해서지요.

그러나 아이 엄마는 대답할 힘조차 없었습니다. 결혼식도 하지 않은 채 떠나가 버린 아이 아버지를 생각하면, 장차 이 아이를 어떻게 키울까 하는 걱정만 앞설 뿐이었습니다.

아이 엄마의 눈에서는 눈물이 주르르 흘렀습니다.

"오르파예요. 성경의 룻기에 나오는 이름이지요."

옆에 있던 할머니가 대신 대답해 주었습니다. 신앙심 깊은 할머니가 일찍부터 골라 놓은 이름이었으니까요.

"아, 이제 제가 이 신고서에 아기 이름을 적어 넣기만 하면 되겠군요. 가만 있자 오르파라……. 이렇게 쓰면 되겠군."

조산사는 출생신고서를 건네주었습니다. 그런데 거기에는 이렇게 적혀 있었습니다.

오프라 게일 윈프리(Oprah Gail Winfrey)
1954년 1월 29일 미시시피 주 코시어스코에서 출생

할머니는 이 출생신고서를 아이 아버지인 버논 윈프리의 고향 주소로 보내기로 했습니다. 비록 오프라의 어머니와 결혼식을 올리지는 않았어도 아이가 태어난 사실은 알고 있어야 된다고 생각했으니까요.

"오프라, 어디 있니? 물 좀 길어 오렴."

할머니가 유난히도 까만 곱슬머리 소녀에게 외쳤습니다.

오프라는 집 앞 계단에 앉아 옥수숫대로 인형을 엮고 있었습니다. 옥수수 인형은 가난한 집 아이 오프라의 유일한 장난감이었죠. 오프라는 계단을 두어 칸 폴짝 뛰어오르더니 부엌으로 갔습니다.

부엌에서는 구수한 음식 냄새가 풍겼습니다.

"으음, 이 냄새가 뭐지? 버터 냄새가 그윽한 게 콩 요리를 하시나?"

사실 오프라는 버터에 볶은 콩 수프와 닭튀김을 정말 좋아했습니다. 오프라는 저녁 식사 때까지 참을 수가 없었습니다.

"큰엄마, 우물가엔 조금 있다 가면 안 될까요?
새 인형을 만들고 있거든요."

그러면서 오프라는 오븐 쪽으로 다가가 집게손가락을
냄비 속에 쏙 넣었어요.

"철썩!"

어느새 다가온 할머니가 오프라의 엉덩이를 세게 한 대
내리쳤습니다. 할머니의 눈빛이 무섭게 빛났습니다.

"못써, 오프라. 너 매 좀 맞아야겠구나."

할머니는 생각 없이 하는 행동이나
버릇없는 짓을 절대 용서하지 않는
엄한 분이었죠.

"어서 가서 물이나 길어 오렴.
저녁 식사에 쓸 거다. 그리고 오다가

회초리도 하나 꺾어 오려무나."

"네, 알았어요."

오프라는 시무룩한 얼굴로 제 몸집만 한 양동이를 들고 밖으로 나갔습니다.

할머니는 오프라가 맨발로 타박타박 걸어 나가는 것을 바라보았습니다. 저절로 한숨이 새어 나왔습니다.

'가엾은 것, 외할머니를 큰엄마라 부르며, 저렇게 어린 나이에 쓸쓸한 촌구석에서 살아야 하다니. 동무도 없이……. 더욱이 그 이름은 또 뭔가, 오르파가 오프라로 돼 버리고.'

그랬습니다. 조산사가 출생신고서에 철자를 잘못 적는 바람에 오르파(Orpah)로 불려야 할 아이의 이름이 오프라로 바뀐 것입니다. 마치 아무도 원하지 않았던 아이의 출생을 조롱이라도 하듯 이름이 바뀌어 버린 것이지요. 이제는 남들이 모두 오프라로 부르는 까닭에 되돌릴 수도 없었습니다.

뿐만 아니라 오프라의 어머니는 오프라가 네 살이 되었을 때

집을 나갔습니다. 그래서 외할머니와 외할아버지가 오프라를 친딸처럼 하여 힘겹게 키우고 있었던 것입니다.

'저 어린것을 잘 키워야지. 벌써 글을 다 읽는 걸 보면 아주 똑똑한 아이란 말야. 암, 그렇고 말고.'

할머니는 굳게 다짐했습니다.

오프라는 세 살 때부터 글을 읽기 시작했고, 한 번 들은 이야기를 웬만해서는 잘 잊지 않을 만큼 기억력이 좋은 아이였습니다.

말 잘하는 아이

어느 일요일이었습니다. 그날도 오프라는 할머니와 함께 교회 앞자리에 앉아 있었습니다. 아직 목사님이 들어오시지 않은 이른 시간이라 사람들은 서로 인사를 나누거나 이야기를 했습니다.

"안녕하세요, 포니 할머니."

오프라는 할머니의 친구인 포니 할머니께 인사를 드렸어요.

"안녕, 오프라. 새 옷을 입었구나. 참 예쁜걸."

"고마워요, 포니 할머니. 큰엄마가 만들어 주셨는데요, 이 무늬는 패랭이꽃이에요."

가난한 살림에도 할머니는 오프라를
위해서 늘 단정한 차림을 하도록
새 옷을 마련해 주었습니다.

"그런데요 포니 할머니, 어제 시드니 아저씨께 아주 우스운 일이 일어났어요. 아저씨가 닭 한 마리를 잡으려고 하셨는데, 그 닭이 처음엔 이리저리 도망다녔거든요. 그러다 갑자기 아저씨 주위를 빙빙 도는 거예요. 아저씨도 처음엔 이리저리 뛰어다니셨는데 조금 있다가 가만히 서시는 거예요. 그러다가 닭의 반대 방향으로 살살 도시는 거 있죠. 결국 그 닭은 제 풀에 지쳐 버렸어요. 그 다음엔 뭐 아저씨의 저녁거리가 됐겠죠. 닭이 앞 못 보는 아저씨를 얕잡아 봤겠지만 어림없어요. 닭이 사람을 이길 수 있나요?"

마을 저 끝에 사는 시드니 아저씨는 오프라의 유일한 친구였습니다. 눈이 안 보이긴 했지만 성실하신 농부였죠.

"호호호, 그런 일이 있었니?"

포니 할머니는 한바탕 신나게 웃었습니다. 그러고는 오프라의 할머니를 돌아보며 말했습니다.

"헤티, 이 앤 정말 천재야. 어린것이 어쩜 이렇게 이야기를 잘하는지."

'오프라! 교회에선 어떻게 하라고 했지?' 하고 할머니가

엄한 눈초리로 조용히 있으라는 신호를 보냈습니다. 그러나 할머니는 엄한 눈짓과는 달리 마음속으로는 오프라가 자랑스러웠습니다.

지난번 크리스마스 연극 때에도 오프라는 긴 대사를 술술 잘 외웠습니다. 또 깜찍하게 연기까지 잘해서 사람들의 칭찬을 한 몸에 받았습니다. 연극의 사회자로 무대에 선 것은 당연한 일이었고요. 성경 암송 대회에서는 늘 1등을 도맡아 했습니다. 이제 손녀딸 덕에 할머니는 어깨가 다 으쓱거려질 정도입니다.

할머니는 손녀딸의 반짝이는 얼굴을 한 번 쳐다보았습니다.

"저 앤 확실히 말하는 걸 좋아해. 그리고 남의 시선을 한 몸에 받는 것도 두려워하지 않아."

오프라는 이야기를 잘 외우고 잘 지어 냈으며 늘 뭔가를 말하고 싶어 했습니다. 그리고 재미있게 잘 전달하기도 해서 사람들은 늘 오프라의 얘기에 푹 빠지곤 했어요. 두 눈 가득 호기심을 담고서요. 하지만 지나치게 말이 많은 것과

툭하면 어른들의 얘기에 끼어드는 것은 고쳐야 할 버릇이었죠.

예배가 시작되었습니다. 그리고 드디어 오프라가 기대하던 순서가 돌아왔습니다. 목사님은 종종 그랬던 것처럼 오늘도 오프라를 불러냈습니다.

"자, 이제 오프라 양이 나와서 성경 구절을 암송하겠습니다."

오프라는 침착하게 앞으로 나갔습니다. 오프라의 숱 많은 곱슬머리엔 열 개도 넘는 머리핀이 알록달록 예쁘게 꽂혀 있었어요.

오프라는 두 눈을 반짝이며 교회 안 청중들을 둘러보았습니다. 조금도 떨지 않았어요.

"오늘은 고린도전서 13장 13절입니다. '내가 사람의 방언과 천사의 말을 할지라도 사랑이 없으면 소리 나는 구리와 울리는 꽹과리가 되고 …… 사랑은 오래 참고 온유하며 투기하는 자가 되지 아니하며 …… 사랑은 자랑하지도 교만하지도 아니합니다. …… 그러므로 믿음, 소망, 사랑 이 세 가지는 항상 있을 것이데 그 중 제일은 사랑이니라.'"

오프라는 긴 성경 구절을 막힘없이 또박또박 암송했습니다.

"아멘!" 하고 외치는 포니 할머니를 따라 다른 사람들도 박수를 쳐 주었습니다.

오프라가 제자리로 걸어 들어올 때 포니 할머니가 '아주 잘했어. 넌 최고야.' 하는 표정으로 엄지손가락을 세워 보였습니다. 할머니도 만족스런 얼굴로 살며시 미소 지었습니다.

오프라는 마음이 뿌듯했습니다. 마치 셜리 템플이 된 기분이었죠. 셜리 템플은 1930년대에 아역 배우로서 이미 영화에 나온 백인 소녀입니다. 어른 못지않은 인기를 누렸었지요. 사실 오프라는 셜리 템플 같은 영화배우가 되고 싶었습니다.

"오프라, 물을 길어 오너라. 중간에 딴 길로 빠지거나 놀지 말고 곧장 와야 한다."

이른 아침이었지만 오프라는 언제나처럼 우물가로 갔습니다. 물 길어 오는 일은 오프라의 몫이었거든요. 가는 길에 오프라는 몇 마리의 오리를 만났고 새끼 돼지도 보았습니다. 오프라는 새끼 돼지에게 말을 걸었어요.

"안녕, 넌 못 보던 돼지구나? 형제들도 많이 있네. 넌 좋겠다, 엄마 아빠랑 한 울타리에 있으니. 어쨌든 새로 만났으니 어제 교회에서 암송했던 성경 구절과 찬송가를 들려줄까?"

오프라는 찬송가를 부르기 시작했습니다. 꿀꿀거리며 돼지 청중들이 다가왔어요.

그런데 얼마 지나지 않아 "오프라!" 하고 크게 외치는 목소리가 들려왔습니다. 할아버지였습니다. 분명히 작대기를 들고 쫓아오실 것이 분명합니다. 작은 돌멩이를 집어던지실지도 모릅니다. 오프라는 냅다 뛰었습니다. 화가 난 할아버지는 무서움 그 자체였으니까요. 뛰면서 오프라는 생각했어요.

'매 맞는 것은 정말 지겨워. 큰엄마 큰아빠는 왜 내가 조금이라도 잘못하면 항상 매를 드시는 걸까?'

당시 미국 남부의 흑인들은 아이들을 회초리로 다루었습니다. 예전에 노예 생활을 할 때 백인 농장주에게서

　그렇게 훈련받고 자란 탓이었죠. 백인들은 아이가 잘못하면 말로써 달래거나 야단쳤지만, 매를 맞으며 부당한 대우를 받는 데 길들여진 흑인들은 그러한 습관을 버리지 못했던 것입니다.
　오프라는 자주 실수를 했고 그때마다 가차 없이 할머니의 매가 날아왔습니다. 안타깝게도 할머니와 할아버지는 그것만이 오프라를 비뚤어지지 않게 올바로 키우는 방법이라고 굳게 믿고 있었어요.

말 잘하는 아이 27

백인이 되고 싶어요

오프라는 아침부터 가슴이 설레었습니다. 글렌다 레이의 집을 방문하기로 한 날이거든요. 글렌다 레이는 시내에 살고 있었고 그 아이의 어머니는 학교 선생님이었습니다. 글렌다의 집을 방문하는 것이 오프라에겐 특별한 행사 같았습니다.

할머니와 글렌다의 집에 도착한 오프라는 깜짝 놀랐습니다.

오프라는 벽돌로 쌓은 근사한 집을 꼼꼼히 살펴보았습니다. 핑크빛 커튼이 쳐진 큰 유리창과 창가의 화분, 거미줄 하나 없는 깔끔한 문과 조각이 되어 있는 손잡이까지. 다 허물어져 가는 오프라의 판잣집과는 비교도 할 수 없는,

아름다운 집이었습니다.

"와, 큰엄마, 이게 글렌다네 집이에요? 굉장해요!"

오프라의 입은 다물어지지가 않았습니다.

"그렇단다, 오프라. 너도 열심히 공부해서 학교 선생님이 되면 이렇게 제대로 된 집에서 살 수 있을 거야. 그런데 너 미리 일러둔다만 남의 집을 방문해서는 너무 소란스럽게 굴면 안 돼. 얌전히 있어야 돼. 허락 없이 이것저것 만지는 일도 물론 안 돼. 만약 버릇없이 굴면 집에 가서 흠씬 때려 줄 테다. 알겠니?"

할머니가 엄한 표정으로 다짐을 시켰습니다.

그러나 인사를 끝나고 글렌다의 방에 들어간 오프라는 그만 그 다짐을 잊고 말았습니다. 상상 속에서만 보았던 예쁜 인형과 온갖 장난감에 오프라는 넋이 나갔습니다. 그리고 주저없이 인형 하나를 집어들었습니다.

"와! 글렌다, 이 인형 진짜 눈을 감는구나."

인형을 누이자 인형은 마치 잠을 자는 것처럼 스르르 눈을 감는 것이 아니겠어요? 오프라는 말로만 들었지, 눈을 떴다 감았다 하는 인형은 처음이었어요. 오프라에게 있어 인형이란 오프라가 직접 만든 옥수수 인형뿐이었으니까요.

"만지지 마. 내 거야."

갑자기 글렌다가 인형을 빼앗아 갔어요.

"글렌다, 나 좀 만져 보면 안 될까? 제발!"

"안 돼!"

"글렌다, 너는 다른 장난감도 많잖아."

두 아이가 인형을 놓고 옥신각신하는 소리가 할머니의 귀에까지 들어갔습니다. 결국 할머니는 서둘러 자리에서 일어났고, 예정보다 일찍 집에 돌아온 오프라는 또 매를 맞아야 했습니다.

"다 널 사랑하기 때문에 때리는 거다. 버릇없는 검둥이라는 소릴 들어서는 안 돼. 안 되고 말고!"

할머니는 오프라를 때린 후에는 꼭 이 말을 잊지

않았습니다. 그러나 오프라는 속으로 큰엄마가 백인 엄마들처럼 잘못을 가만가만 타일러 주시면 얼마나 좋을까 하고 생각했어요.

그날 밤 오프라는 침대 맡에 앉아서 정말 간절히 하나님께 기도하였습니다.

"하나님 아버지, 제게도 셜리 템플처럼 금발 머리에 하얀 피부를 주시면 안 될까요? 저도 셜리 템플만큼 말도 잘하고 연기도 잘할 수 있어요. 연극 대사도 잘 외우는걸요."

백인이 되면 매를 덜 맞을 거라 생각했던 오프라는 때때로 빨래집게로 코를 집고 자기도 했어요. 낮은 코를 높이 세우고 싶었거든요. 그러다 숨 쉬기가 어려워 잠에서 깨기도 했어요.

할머니는 늘 엄하기만 한 분은 아니었습니다. 언젠가 갑자기 죽음에 대한 생각을 떠올린 오프라가 할머니 품에 파고들었을 때의 일입니다.
"큰엄마, 무서워요. 분명 이 다음에 저도 죽을 거예요."
오프라가 엉엉 울었습니다. 그때 오프라의 나이가 겨우 네 살이었죠.
할머니는 어린 오프라를 꼭 안으며 이렇게 말했습니다.
"하나님은 당신의 자녀를 귀하게 여기신단다. 너는 앞으로 해야 할 일이 많으니까 죽음을 무서워하지 마라. 꼭 강한 사람이 되어서 다른 사람을 도와주렴."
할머니의 이 말씀은 큰 위로가 되었습니다. 뿐만 아니라 오프라의 마음에 오래오래 남았습니다. 남을 도울 수 있을

만큼 강하고 할 일이 많은 사람, 언젠가는 오프라 자신이 꼭 그렇게 될 수 있을 것만 같았습니다.

그러나 오프라는 이러한 할머니와 오래 살지 못했어요.

여섯 살이 되자 어머니에게 보내진 것입니다. 오프라를 스스로의 힘으로 키워 보겠다고 어머니가 부른 것이었지요.

오프라의 어머니 버니타 리도 역시 가난하기 짝이 없었습니다.

"식사는 식탁에 차려 놓았다. 너 혼자 먹으렴. 엄마는 일찍 나가 봐야 해."

오프라의 아침은 늘 이 말로 시작되었습니다. 매일 아침 오프라는 졸린 눈을 비비며 출근을 서두르는 엄마의 뒷모습을 보았습니다. 그렇게 보고 싶었던 엄마인데 오프라는 낯설기만 했습니다.

버니타는 부유한 백인 가정에서 집안 청소와 식사를 준비하는 가정부 일을 했습니다. 그렇게 번 돈과 나라로부터 받는 약간의 생활 보조비로 겨우겨우 살아가는 처지였죠.

오프라에게는 할머니의 오두막보다 나을 것 없는 생활이었습니다. 그런데 그나마도 1년이 끝이었습니다.

1년 만에 오프라는 내쉬빌이라는 도시에 살고 있는 아버지에게로 보내어졌습니다. 아버지는 다른 여자와 결혼해 함께 살고 있었는데, 마침 아이가 없었습니다. 내쉬빌에 가니 새어머니가 반갑게 맞아 주었습니다.

"네가 오프라구나. 잘 왔다. 우리는 널 환영해. 이제 넌 내 딸이나 마찬가지야."

하지만 여기도 낯설기는 마찬가지였습니다. 마음 붙일 곳 없는 오프라는 책에 빠져들었습니다. 오프라는 위인전, 동화책, 성경 할 것 없이 손에 잡히는 대로 읽기 시작했어요.

오프라는 새로 유치원에도 들어갔습니다. 그렇지만 이미 책을 읽고 있던 오프라에게 이제 겨우 글자를 배우는 유치원 수업은 따분하기 그지없었어요.

"아, 이게 뭐람. 겨우 글자나 배우고 있다니."

오프라는 할 수 없이 선생님께 쪽지를 써 보냈습니다.

선생님은 그 쪽지를 보자 깜짝 놀랐습니다. 쪽지에는 깔끔한 글씨로 이렇게 쓰여 있었습니다.

"사랑하는 선생님, 이 반이 제게는 맞지 않는 것 같아요."

오프라는 곧 초등학교로 보내어졌습니다. 일 년 후엔 2학년을 건너뛰고 3학년으로 월반할 만큼 오프라는 공부를 잘했지요.

어느 날이었습니다. 백인 아이들 여섯이 오프라를 둥글게 둘러쌌습니다. 한 아이가 말했습니다.

"오프라, 네가 잘나면 얼마나 잘났어? 항상 선생님 역할도 저만 도맡아 하고."

사실 오프라는 아이들과 놀 때 늘 선생님이나 어머니 역할을 맡아 놀이를 이끌어 가곤 했는데 이것이 샘이 났나 봅니다.

"검둥이 주제에 숙제는 제일 먼저 내서 선생님 칭찬도 독차지하잖아."

누가 먼저랄 것도 없이 금방이라도 때릴 기세였습니다.

오프라는 두려웠지만 당당히 맞섰습니다.

"너희들은 성경도 안 읽었니? 예수님을 돌로 치려던 자들이 나중에 어떻게 되었는지 알아? 난 다만 열심히 공부하고 노력했을 뿐이야. 아무 잘못도 없는 사람을 미워하고 때리면 그 사람도 벌을 받게 된다는 걸 알아야 해."

그러자 아이들은 슬금슬금 뒷걸음쳤습니다. 그리고 무어라 중얼거리며 후닥닥 자리를 떴습니다.

이제 오프라는 학교에서 점점 눈에 띄는 학생이 되어 가고 있었습니다. 더불어 오프라는 독서와 공부만이 가난한 집 흑인 여자 아이가 인정받을 수 있는 유일한 길이라는 걸 학교 생활을 통해 점차 깨달아 가고 있었어요.

먹을 것만 겨우 챙겨 주던 엄마와는 달리 아버지 집으로 옮겨 온 뒤에는 구구단이며 독후감 발표 등 집에서도 숙제를 내주는 일이 많아졌습니다.

새어머니가 엄하게 말했습니다.

"오프라, 저녁엔 텔레비전을 딱 한 시간만 볼 수 있어. 그리고 내일부터는 매일 단어 시험도 볼 거야."

식료품점과 이발소를 함께 경영하면서 형편이 나아진 아버지와 새어머니는 오프라의 교육에 더욱 열심이었습니다. 오프라 또한 선교사나 선생님이 되겠다는 장래 계획을 세워 나갔습니다. 교육을 많이 받으면 백인들이 가지는 직업을 자기도 가질 수 있다는 희망이 생기기 시작한 것입니다. 이 무렵 오프라는 코스타리카를 돕는 선교후원회에 가입했습니다. 그러고는 하루도 빠지지 않고 학교 운동장에서 후원금을 모금하는 등 선교사의 꿈을 위해 노력했습니다.

"싫어요. 안 돼요."라고 크게 외칠걸!

　아홉 살 되던 해 오프라는 다시 밀워키에 있는 어머니와 함께 살게 되었습니다. 어머니가 새로 결혼을 하면서 오프라를 불렀기 때문입니다.
　그러나 오프라는 새아버지와 새로 생긴 동생들과 그리 친하게 지내지는 못했습니다. 게다가 어머니는 늘 일에 쫓겼고 오프라에게 관심을 기울여 주지 못했어요.
　"아, 나는 이곳이 싫어. 엄마는 내겐 관심도 없어."
　오프라는 내쉬빌에 있는 아버지의 품이 그리워졌어요.
　혼자 있는 시간엔 늘 책을 읽거나 생각에 잠기곤 했는데,

그것 때문에 친구들에게 따돌림을 당하기도 했습니다.
오프라의 어머니도 오프라가 책 읽는 걸 무척이나
싫어했습니다. 식탁이나 의자, 어디서건 책을 붙들고 있는
오프라에게 큰소리를 치기도 했어요.

　오프라가 현관 밖 계단에 앉아 책을 읽던 날이었습니다.
　어머니가 안에서 왈칵 문을 열었습니다.
　"아이고, 이 책버러지야, 어디서건 책만 붙들고 있고……. 네가 그렇게도 잘난 줄 아니? 엄마는 피곤해 죽겠는데 동생들이나 좀 보살피지."
　어머니는 화가 나서 오프라가 읽던 책을 홱 빼앗았어요.
　아마도 어머니는 집안일을 더 도와주기를 바랐나 봅니다.

　오프라는 책 읽기를 통해 자신이 다른 아이들에 비해
어떤 것을 이해하는 능력이 빠르다는 사실을 알게 됐습니다.
　오프라는 도서관 카드를 가장 큰 보물로 여기며 도서관을
더 열심히 드나들었습니다. 책을 통해 훌륭한 사람들의 삶을
엿보며 꼭 성공하겠다고 스스로 다짐도 했습니다.

오프라는 가난한 흑인으로서의 삶을 벗어나고 싶었습니다. 그리고 자신의 뛰어난 능력을 마음껏 펼칠 수 있는 세계로 나가기를 간절히 소망했습니다. 그러나 그 길은 너무 멀었습니다. 어떻게 가야 할지 방법도 알 수 없었습니다.

오프라는 방황하기 시작했습니다.

하루는 어머니와 약속한 통금 시간을 훨씬 넘겨서 집에 들어가게 되었습니다.

어머니가 큰 소리로 말했습니다.

"오프라, 다시 한 번만 늦게 들어와 봐. 다리몽둥이를 분질러 놓을 테다."

어머니는 펄펄 뛰며 소리쳤습니다. 그러나 어머니는 화가 나도 그때뿐 시간이 조금 지나면 까마득하게 잊어버렸습니다. 바깥일 때문에 늘 지쳐 있었기 때문이었죠. 오프라는 한숨을 쉬었어요.

'엄마는 내가 왜 늦었는지, 누구와 어디에 있었는지는 묻지도 않아. 내일이면 또 잊어버릴걸.'

오프라가 얼마나 간절히 사랑과 보살핌을 바라고 있는지

어머니는 몰랐습니다. 아니, 알면서도 해 줄 수 없었을지도 모릅니다. 하루하루 먹고살기도 바빴으니까요.

　엄마에게 혼이 난 뒤 오프라는 살금살금 부엌으로 갔습니다.

　오븐 뒤에 있는 유리병을 찾아내고는 그 안에 있는 바퀴벌레들의 이름을 불렀습니다.

　"멜린다, 샌디, …… 내가 돌아왔어. 잘 있었니? 오늘은 어땠니? 이거 알아? 나 오늘 덩컨 선생님께 칭찬받았어. 나눗셈을 드디어 다 풀었거든. 그게 전엔 왜 그렇게 어려웠는지 모르겠어. 갑자기 천재가 된 것처럼 모든 걸 알겠더라니까. 이제 나눗셈은 정말 자신 있어. 정말이야.

그럼 애들아, 오늘도 잘 자. 안녕!"

오프라는 자기의 애완동물인 바퀴벌레들에게 밤 인사를 했습니다. 너무 가난해서 개나 고양이를 키울 수 없던 오프라는 부엌을 돌아다니던 바퀴벌레들을 애완동물로 삼은 것입니다. 그래도 그런 밤은 제법 여유로운 밤이었습니다. 돌이켜 생각하기도 싫은 밤의 악몽이 어느 날 시작된 것입니다.

악몽은 어머니를 따라 간 친척집에서 시작되었습니다. 그 집에는 엄마의 친척들과 열아홉 살 먹은 사촌오빠가 있었습니다. 밤이 되자 어머니는 돌아가고 오프라만 그 집에 맡겨졌습니다.

오프라는 일찍 사촌오빠의 침대에서 잠이 들었습니다.

한창 꿈속을 헤매던 오프라는 잠결에 인기척을 느끼고 깜짝 놀라 깨었습니다. 사촌오빠가 들어와 옆자리에 누웠던 것입니다. 갑자기 마음이 불편해졌습니다. 그래서 자리에서 일어나려고 했지만 허사였습니다. 사촌오빠가 오프라의 몸을 내리눌렀습니다.

"쉿!"

사촌오빠는 곧 오프라의 입을 막고 오프라의 몸을 만졌습니다. 낮에 재밌는 이야기를 해 주던 친절한 사촌오빠가 아니었습니다. 오프라는 "안 돼!" 하고 소리치고 싶었지만 무서웠습니다.

'이것은 나쁜 일이야. 정말 싫어. 오빠는 이렇게 날 기분 나쁘게 할 사람이 아닌데, 내 얘길 들어 주고 나를 이해하는 친구인데 왜 나에게 이러지?'

오프라는 어지러웠습니다. 남자와 여자는 그게 누구이든 간에 함부로 잠자리를 같이 하는 게 아니라는 걸 오프라는 어렴풋이 알고 있었습니다. 머릿속으로 '싫어. 하지 마.' 라고 수없이 외쳤지만 그 소리는 입 밖으로 새어나가지 못했습니다.

사촌오빠는 어둠 속에서 말했습니다.

"아무에게도 말하지 마. 그러면 너하고 나는 어른들에게 혼이 나고 집에서도 쫓겨나게 될 거야."

오프라는 너무 슬펐습니다. 슬픈 생각 끝에 '원래 나쁜 사람은 아닌데 오빠가 날 이렇게 했어. 내가 나쁜 애라 죄를 짓게 됐나 봐.' 하는 터무니없는 생각까지 했습니다.

물론 이것은 잘못된 생각입니다. 약한 어린이나 여자에게 성폭력을 가하는 일은 그 남자가 누구이든 반드시 책임을 져야 할 일이니까요.

그 뒤에도 오프라에게는 이 비슷한 일이 일어났습니다.

가깝게 지내던 아저씨가 오프라에게 나쁜 짓을 한 것입니다. 더욱이 그 아저씨는 그런 일이 있은 다음 날이면 언제 그랬냐는 듯이 아이스크림도 사 주고 동물원도 데려다주었습니다. 마치 아무런 일도 없었다는 듯 말입니다.

오프라는 혼란스러웠습니다. 그리고 수없이 외치고 싶었습니다. "엄마, 아빠 도와주세요. 저 사람이 나를 아프게 해요. 저 사람이랑 있는 건 진짜 불편해요." 라고요. 그렇지만 '누가 내 말을 믿어 줄까. 나한테 이렇게 잘하는데, 또 엄마랑 얼마나 친한 사이인데.' 하는 생각에

고개를 가로저었습니다. 아무도 자기를 안 믿고 거짓말쟁이로
몰지도 모른다는 생각에 입을 꾹 다물고 만 것입니다.
이때처럼 엄마가 원망스러울 때도 없었습니다.
엄마는 자기를 보호해 줘야 한다고 생각했으니까요.

또 마음 한구석에서 자기가 나쁜 애라는 죄책감과 절망감도 생겨났습니다. 오프라는 계속 움츠러들었고 수치심으로 가득 찬 채 자신을 미워하는 일이 많아졌습니다. 하지만 그럴수록 책이나 공부에 몰두함으로써 자기의 불우한 처지를 잊으려 애썼습니다.

길을 잃은 오프라

열두 살 되던 해, 오프라는 학교 공부 면에서 이미 다른 아이들을 훨씬 앞질렀습니다. 어느 날 유진 에이브럼스 선생님이 오프라를 불렀습니다.

"좋은 소식이 있단다. 니콜릿 고등학교에 널 장학생으로 추천했는데 드디어 통과됐다는구나."

"네? 제가요?"

오프라는 놀랍고 기뻤습니다. 그렇지만 한편으로 걱정이 앞섰습니다.

"하지만 선생님, 그 학교는……."

오프라가 말끝을 흐렸습니다. 선생님이 오프라의 어깨를 툭툭 두드려 주었습니다.

"알아, 네가 무슨 말을 하려는 건지. 그 학교는 백인 상류층 아이들이 주로 다니는 학교라 잘 해낼 수 있을까, 두려운 생각이 드는 거지?"

오프라의 얼굴에 그늘이 드리워졌습니다.

니콜릿 고등학교는 버스를 타야 할 만큼 집에서 멀리 떨어져 있었습니다. 어머니가 일하는 곳이 그 지역에 있기 때문에 가 본 적이 있는데 흑인 학생은 거의 볼 수도 없었습니다.

"오프라, 용기를 가져. 너는 해낼 수 있어! 난 너처럼 열심히 공부하고 책을 많이 읽는 학생을 본 적이 없단다. 넌 훌륭하게 될 가능성이 있는 아이야. 좀더 나은 환경에서 백인 학생들과 겨뤄 보거라. 네가 출발점이 되는 거야."

유진 선생님은 오프라를 격려해 주었습니다.

1960년대 말 교육 당국은 흑인들이 사는 지역의 학생들을 백인들이 대부분인 고등학교로 전학시켜 대학에 갈 수 있도록 돕는 정책을 실험적으로 추진하고 있었습니다. 그래서 재능 있는 흑인 학생들에게 먼저 기회를 주고자 했는데 오프라가 뽑힌 것입니다.

"네, 해 보겠어요!"

오프라는 선생님께 감사를 드렸어요.

그러나 당시의 이러한 교육정책이 미국인 모두의 지지를 받았던 것은 아닙니다. 흑인들이나 백인들 모두 반발하는 지역도 많았습니다.

니콜릿 고등학교에서의 경험은 두고두고 잊지 못할 일이었습니다. 당시 백인 아이들 사이엔 흑인 친구를 가지는 것이 이상한 유행처럼 번져 있었어요. 학생이 2천 명이나 되는 니콜릿 고등학교에서 유일한 흑인이었던 오프라는 곧 폭발적인 인기를 누렸습니다. 학교가 파하면 서로 오프라를 집에 데려가려고까지 했어요.

"오프라, 너 여기 아줌마 알지?" 하면서 주방에서 일하는 흑인 아줌마를 괜히 불러오기도 했고,

인기 코미디언이던 흑인 새미 데이비스를 아느냐고 묻기도 했습니다.

심지어 어떤 백인 아이는 모든 흑인이 서로 친척인 줄 알고 있을 정도였어요. 오프라는 자신이 마치 장난감이 된 기분이 들었습니다. 화려한 거실에서 음반, 잡지, 신문을 돌려보며 아이스크림과 피자를 먹는 백인 친구들을 보면서, 오프라는 이제야말로 자신이 얼마나 가난한지 알았습니다.

또한 자기가 그 아이들과 얼마나 다른 생활을 하고 있는지 확실히 깨달았습니다. 백인 친구 집에서 밤늦게까지 놀다가 집으로 돌아가는 길, 버스 안에서 피곤에 지친 어머니를 만나는 날도 있었어요. 그런 날은 더욱 자신이 초라해지는 기분이 들곤 했지요.

'이건 꼭 파티에서 쫓겨 나온 신데렐라가 된 기분이야. 왕궁에서 놀다가 마술이 풀려 꾀죄죄하게 변하는 신데렐라……'

집에 돌아온 오프라는 비좁은 침대에 동생들과 함께 누워 잠이 들었습니다.

가정에서 마음의 안식을 얻지 못한 오프라는 집 밖으로 나가는 일이 차츰 많아졌습니다. 못된 친구들과 어울려 다니기도 하고, 질이 안 좋은 남자 친구도 많이 사귀었어요. 밤늦게까지 쏘다니다 들어오는 날이 점점 많아졌습니다. 어머니에게 대들기도 하고 어머니 말에 일부러 반항을 하기도 했습니다. 돈을 훔쳐 가출을 한 것도 이때였어요.

결국 참다못한 어머니는 오프라를 청소년 보호 시설에
보냈습니다. 그곳에서 상담을 받은
오프라는 자신을 죄인 다루듯 하는
상담원에게 크게 실망했어요.

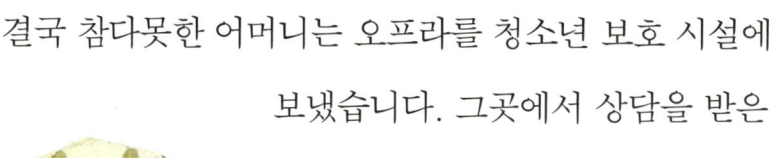

보호 시설은커녕 감옥이나
마찬가지였지요. 오프라는 자신이
결코 나쁜 애가 아니며 좋은 가정에서
좋은 교육을 받고 싶어 하는 아이일
뿐이라는 걸 설명하고 싶었어요.
그러나 상담원은 오프라를
남의 물건을 훔친다든가, 마약을
흡입하고 문란한 이성 교제를 하는
비행 청소년 중의 하나로만

여겼습니다. 상담이 끝나자 오프라는 자신의 모습에 대해 곰곰이 생각해 보았어요.

'아, 어쩌다 내가 이런 곳에 와 있지? 난 영리하고 꿈이 많던 애였잖아. 이런 식으로 살면 안 돼.'

눈물이 왈칵 쏟아졌습니다.

상담원이 말했습니다.

"오프라, 아쉽게도 너 같은 말썽쟁이를 위한 빈방이 지금은 없구나. 2주 후에 이곳에 자리가 나면 다시 부를 테니까 집에 가 기다려. 그때까지 말썽 피우지 말고!"

오프라는 다시 집으로 돌아왔습니다. 그러자 어머니가 말했습니다.

"난 널 포기했어. 2주도 기다릴 수 없어. 그러니까 당장 네 발로 이 집을 나가."

오프라도 맞서 대꾸했습니다.

"날 제발 아버지에게 보내 주세요. 다신 돌아오지 않겠어요."

아버지의 단단한 고삐

오프라는 달랑 짐가방 하나와 함께 다시 아버지 집으로 보내어졌습니다. 아버지는 딸을 보자마자 거칠어진 오프라를 바로잡기 위해서는 엄격한 규칙과 통제가 필요하다는 걸 알았습니다. 그리고 원래 강하고 의욕이 넘치는 아이니까 따뜻한 사랑과 철저한 지도로 이끌면 반드시 훌륭하게 클 거라고 믿었습니다. 오프라가 자신감을 되찾으면 스스로 잘 헤쳐 갈 아이라는 걸 아버지는 잘 알고 있었어요.

"자, 이제 내 말을 잘 들어야 한다. 이 집에서 내 말에 토를 다는 것은 절대 용서치 않아. 내 말이 곧 법이다.

만약 내가 모기 한 마리가 마차를 끌 수 있다고 말한다면 너는 마차에 모기를 매달면 돼. 정말 그럴 수 있냐고 묻지 말고. 알았지?"

"……."

규칙은 엄격했습니다. 몇 시까지 집에 들어와야 하는지, 숙제나 독후감은 어떻게 해야 하는지, 어떤 친구를 사귈 것인지 등등 일일이 점검을 받아야 했습니다. 또 설거지, 청소 등 집안일을 돕고 아버지 가게에 나가서 일도 거들었습니다. 아버지는 오프라가 규칙과 질서를 존중하고, 힘든 노동을 통해 자기 자신을 조절하는 힘을 배우기를 바랐습니다. 아버지는 작은 것일지라도 규칙을 어기는 것을 그냥 넘기지 않았습니다. 규칙을 어기면 반드시 체벌이 따랐습니다.
그러는 사이 오프라의 생활이 점차 바로 잡혀 가기 시작했습니다.

어느 날 아버지는 오프라를 불렀습니다.

"오프라, 세상에는 세 종류의 사람들이 있단다. 일을 만드는 사람이 있고, 또 그 일이 일어나는 걸 바라보는 사람이 있지. 마지막으로는 무슨 일이 일어나는지조차 모르는 사람이 있어. 자, 너는 어떤 사람이 되고 싶니?"

당연히 오프라는 일을 만드는 사람, 즉 자신이 주인공이 되는 삶을 살고 싶었습니다.

오프라는 조용히 생각해 보았어요.

'나는 어떤 사람이 되고 싶은가? 그것을 위해 어떤 준비를 해야 하는가?'

오프라는 더 많은 책을 읽고 열심히 공부하면서 차차 성실한 학생으로 돌아왔습니다. 그러자 그 희망은 조금씩 현실이 되어 가기 시작했습니다.

미인 대회를 휩쓴 흑인 소녀

오프라가 열일곱 살 되던 해 그녀가 살고 있는 도시에서 '미스 불조심' 대회가 열렸습니다. '미스 아메리카'나 '미스 월드' 같은, 규모가 큰 미인 대회는 아니었지만 사람들의 주목을 받을 수 있는 제법 큰 행사였습니다.

오프라는 이 대회에 참가한 유일한 흑인이었지요. 사람들은 수군거렸습니다.

"어머, 쟤 좀 봐. 검둥이잖아. 어떻게 감히 이런 대회에 나왔지?"

"그러게, 게다가 별로 예쁘지도 않은걸. 넓적한 코하며

커다란 입을 좀 보라고."

그때까지도 백인들은 흑인을 '검둥이'라고 비아냥거렸어요.

예쁜 백인 소녀들에게 둘러싸인 오프라는 바짝 긴장이 되었습니다.

'그래, 오프라 당당해지자! 어차피 이 자리에 선 이상 최선을 다하는 거야. 너는 나름대로 저들과 다르고 그게 너의 장점이 될 수도 있어.'

오프라는 자기 차례가 올 때까지 기다리는 동안 어떤 질문에 어떤 대답을 할 것인지를 생각했습니다.

'만약 장차 무엇이 되고 싶냐고 물어본다면?'

그동안은 장래 희망이 교사나 선교사가 되는 것이었습니다. 특히 4학년 담임 선생님이 많은 영향을 끼쳤죠. 왜냐하면 4학년 때 담임이었던 덩컨 선생님은 오프라를 특별히 사랑해 주었습니다. 또 오프라의 재능을 눈여겨보며 좋은 책도 많이 빌려 주었던, 잊지 못할 분이었지요. 오프라도 그런 훌륭한 선생님이 되어서 아이들을 잘 이끌고 도와주고 싶었습니다.

그런데 그 꿈이 바로 오늘 아침에 바뀌었어요. 텔레비전을 보던 오프라는 문득 바바라 월터스 같은 여성 방송인이 되고 싶다는 생각이 들었던 겁니다. 〈투데이〉라는 방송에 나온 바바라 월터스가 너무도 멋있게 보였던 까닭입니다.
세계적 정치가와 당당하게 대화를 나누는 여성 아나운서, 그 모습이 자신의 모습이었으면 했던 거예요. 이것은 정말

운명적인 생각이었죠.
심사 위원 한 사람이
"자, 오프라 윈프리 양,
장래에 무슨 일을 하고
싶습니까?" 하고
물었을 때 오프라는

주저없이 대답했습니다.

"저는 진실을 믿고 진실이 영원하기를 바랍니다. 또 여러 사람에게 진실이 있는 그대로 전달되기를 바랍니다. 그래서 방송 언론인이 되고 싶습니다."

그 자리에 있던 사람들은 오프라의 말에 깊은 인상을 받았습니다. 또 다른 심사 위원이 "만약 상금을 탄다면 어디에 쓸 거죠?" 하고 물었습니다. 뭐라고 대답했을 것 같나요? 오프라는 금방이라도 함박웃음이 터질 것 같은 얼굴로 크게 대답했어요.

"상금이라고요? 저 자신을 위해 다 쓰겠어요. 분명 행복해질 거예요."

이렇게 솔직한 대답을 한 오프라는 높은 점수를 받았습니다. 그리고 최초로 미인 대회에서 당당히 1등을 한 흑인이 되었지요.

그 뒤에 오프라는 흑인들만이 겨루는 미인 대회 '미스 블랙 내쉬빌'에도 참가했습니다. 여기서도 1등으로 뽑혔습니다.

일부 참가자들은 오프라가 피부색도 검고 예쁘지도 않은데 뽑혔다는 둥 시기심 어린 불평을 했습니다.

정말 우스운 일이었습니다. 같은 흑인이면서 옅은 갈색 피부가 더 예쁘다는 그릇된 생각을 가지다니. 사실 미국의 흑인들은 피부색에 대한 오랜 차별을 받아 왔기 때문에 스스로 옅으면 옅을수록, 백인에 가까우면 가까울수록 좋은 거라는 생각을 떨쳐 낼 수가 없었던 겁니다.

그러나 오프라는 '난 옅은 피부는 절대 될 수 없으니 가장 똑똑한 사람이 되어서 남의 시선을 받아야겠다.' 하고 생각했어요. 그래서 미인 대회를 준비할 때면 체중 관리 못지않게 다양한 독서와 시사 문제 공부를 통해 교양을 넓혔어요. 그 결과 '미스 블랙 테네시' 선발 대회에서도 1등을 했습니다. 대회에 함께 참가했던 경쟁자들 중 하나가 비웃음을 띠며 퉁명하게 물었습니다.

"어떻게 미인 대회 때마다 1등으로 뽑힐 수 있었나요?"

오프라는 씨익 웃으며 대수롭지 않다는 듯 말했어요.

"내가 어떻게 뽑혔냐고요? 글쎄요, 내가 낭송했던

시 때문인가?"

 심사 위원들이 어떤 질문을 해도 오프라는 자신감 있게 척척 답했습니다. 그래서 재능 점수에서 높은 점수를 받았던 겁니다.

 미인 대회를 휩쓴 오프라는 곧 흑인들이 거주하는 지역에서 꽤나 이름이 알려지게 되었어요. 뿐만 아니라 미인 대회 우승은 방송이라는 새로운 세계를 향한 그녀의 꿈을 빨리 실현시켜 주는 계기가 되었습니다.

 '미스 불조심' 선발 대회를 후원했던 한 라디오 방송국이 그녀의 말솜씨를 눈여겨봐 두었던 것입니다.

 대회가 끝난 지 얼마 후 오프라는 학교가 끝난 뒤에 방송국으로 상품을 찾으러 갔습니다. 상품은 시계였어요. 그런데 방송국의 직원이 오프라를 부르는 것이었습니다.

 "오프라 양, 이리 와 보세요. 혹시 자기 목소리를 녹음하여 들어 본 적이 있나요?"

 "아뇨."

"이 녹음기에 대고 이 대본을 읽어 보겠어요?"

그 직원은 뉴스 기사가 빼곡히 쓰여 있는 대본을 내밀었어요. 그리고 녹음이 끝나자 오프라를 보도 국장이 있는 곳으로 데려갔어요.

"국장님, 오프라 양이 대본 읽은 것을 한번 들어 보세요."
카세트테이프가 돌아갔습니다. 주위가 조용해졌습니다.

모두들 녹음기에서 흘러나오는 오프라의 목소리에 귀를 기울였습니다. 드디어 보도 국장이 말했습니다.

"됐어, 됐어. 이만하면 충분해! 발음, 억양, 띄어 읽기 모두 아주 정확해. 표준 영어야. 목소리도 아주 좋아. 오프라 양, 우리랑 한번 일해 보지 않겠어요?"

이렇게 해서 오프라는 그 자리에서 바로 채용되었습니다. 물론 정식 직원은 아직 아니었고 아르바이트인 셈이었지만요.

그 뒤로 오프라는 학교 수업을 마친 뒤엔 라디오 오후 뉴스 진행자로 방송 일을 했습니다.

이것이 방송인 오프라의 첫출발이었죠!

흑백 갈등의 시기를 지나

　고등학교 졸업 후, 오프라는 테네시 주립 대학에 들어갔습니다.
　이 무렵 흑인 민권 운동이 전국의 대학으로 맹렬히 확산되고 있었습니다. 백인들에게 괄시받고 차별받던 흑인들이 들고일어선 것이지요. 테네시 주립 대학도 데모와 시위가 한창이었습니다. 거의 흑인들만 다니는 학교여서 학교 전체가 더욱 술렁거렸습니다. 흑인의 뿌리를 찾는다며 아프리카 의상을 입고 다니는 학생도 있었어요. 그들의 조상이 아프리카로부터 미국에 노예로 끌려왔음을 잊지 말자는 뜻에서였지요.

테네시 주립 대학 학생회 선거가 다가왔습니다. 이래저래 오프라의 친구들도 한껏 들떠 있었습니다.

"오프라, 넌 이번 학생회 선거에서 누굴 지원할 거야?"

"물으나 마나지. 우린 강경파 친구들을 뽑아야 해.

백인과 대항하려면 강력한 힘으로 뭉쳐야 한다고."

그러나 오프라는 굳은 얼굴로 조용히 말했습니다.

"아니, 난 생각이 달라. 공부도 안 하고 날마다 우르르 몰려다니면서 불지르고 폭력적인 시위나 하는 건 시간 낭비야. 그런 건 대학생이 아닌 사람들도 할 수 있어. 우리는 높은 수준의 교육을 받기 위해 이곳에 들어왔어. 더욱이 흑인으로선 쉬운 일이 아니잖아. 제시 잭슨 목사님(흑인 민권 운동 지도자)은 '능력을 갖추는 것이 인종 차별주의에 맞서는 가장 강력한 무기'라고 하셨어.

나는 그 말씀에 동의해. 실력을 길러 좋은 직업을 갖고 사회의 힘 있는 분야에 많이 진출하는 것이 중요하다고 생각해. 우리가 하는 말을 백인들이 무시할 수 없도록 실질적인 힘을 갖도록 말이야. 난 너희가 지원하는 애들은 지지하지 않아."

뜻밖의 대답에 친구들은 분통을 터뜨리며 오프라를 비난했습니다.

"흥, 결국 너는 혼자서만 성공하겠다는 얘기군.

지금 이 순간도 많은 흑인 형제들이 차별받고 고통받고 있어. 그걸 고치는 게 우선 아냐?"

"내버려 둬. 저 앤 언제나 백인들과 함께 지내며 혼자 잘난 척하기 일쑤였어. 말투도 완전히 흰둥이 말투잖아. 사투리도 안 쓰고 마치 흰둥이처럼 지껄이고."

"그래, 맞아."

"오프라, 너는 오리오 쿠키처럼 겉은 까만데 속은 하얗구나. 호호호."

오프라는 다시 한 번 이렇게 말할 수밖에 없었습니다.

"난 누가 봐도 흑인이야. 나도 잘 알고 있을 뿐더러 변함없는 사실이지. 나는 그 사실이 결코 부끄럽지 않아. 또 나는 흑인이라는 이유로 내가 하고 싶은 일에 제약을 받은 적은 한 번도 없어. 애들아, 노예제도 폐지 운동을 하던 더글러스가 침침한 등잔불 아래서 동료 흑인들에게 열심히 글을 가르쳤던 것을 생각해 봐. 더글러스처럼 링컨 정부의 요직에 들어가 흑인을 위한 정책을 만드는 일을, 오늘날에도 누군가는 해야 하는 것 아닐까? 우리끼리

싸우지 말자."

　그럼에도 친구들은 오프라가 너무 자기 자신만을 생각한다고 여기고 따돌리기 시작했습니다. 오프라는 흑백 갈등이 소용돌이치는 대학에서는 더 이상 얻을 것이 없음을 느꼈습니다. 대신 이제 막 시작한 방송 일에서 자신의 앞날을 개척해야겠다고 생각했습니다. 그리하여 스스로 학교를 떠났습니다.

병아리 뉴스 진행자

열아홉 살 때 오프라는 내쉬빌의 WTVF-TV 방송국 최초의 흑인 여성 뉴스 진행자가 되었어요. 또 가장 어린 나이에 정식 방송인이 되었지요.

미국 전체에 불어닥친 흑인 민권 운동의 영향이 컸습니다. 흑인 단체들이 모든 기관에 압력을 행사해 흑인을 뽑으라고 강력하게 요구했기 때문이었죠. 오프라는 흑인 민권 운동에 참여한 적은 없지만, 그동안 차근차근 쌓아 올린 실력과 경험이 뒷받침되어 제때에 기회를 잡을 수 있었던 거예요. 오프라는 흑인 민권 운동을 한, 다른 흑인 형제들의 은혜에

꼭 보답할 것을 굳게 다짐했습니다.

병아리 뉴스 기자 겸 진행자 시절에 일어난 일이었습니다.
오프라는 화재 사고 현장에 나가 취재를 하며 뉴스를

전달하려고 마이크를 들었습니다. 오프라는 카메라 보며 시청자를 향해 말하기 시작했어요.

"여기는 지난밤에 일어났던 화재 현장입니다. 오, 세상에! 아주 다 타 버리고 말았군요. 연기 냄새가 진동하고 있습니다. 아주머니, 불이 어떻게 났죠?"

옆에 있던 아주머니에게 마이크를 갖다 댔습니다. 그러나 그 아주머니는 너무 울어서 말을 제대로 할 수가 없었습니다.

"흑흑흑, …… 모든 것이 없어졌어요. 남은 게 없다고요. 흑흑흑, 이제 난 어떻게 살아야 하나 …… 흑흑."

다 타 버린 집 앞에 앉아 울고 있는 아주머니를 보며 오프라는 더 이상 인터뷰를 할 수가 없었어요. 아주머니 신세가 딱해 보여 눈물이 솟았어요. 오프라는 그 아주머니를 부둥켜안고 함께 눈물을 흘렸습니다. 그런데 카메라는 계속 돌아가고 있었습니다. 오프라는 다시 마이크를 잡고

"화재 현장 주변은 이제 정리되고 있습니다만 아직 그 원인은 밝혀지지 않고 …… 있습니다. 소방대원들은

여기저기서 …… 타다 남은 가재도구와 다친 사람은 없는지……." 하며 간신히 말을 끝냈습니다.

그 방송이 나간 뒤 방송국 책임자가 오프라를 불렀습니다. 몹시 못마땅한 표정이었습니다.

"오프라 양, 뉴스 진행자는 항상 초연하고 감정에 흔들림이 없어야 해요. 현장에 나가 그렇게 눈물을 흘리면 뉴스다운 뉴스가 될 수 없어요. 다시는 이런 일이 없도록 하세요."

그러나 오프라는 자주 이 같은 실수를 범했습니다. 비행기 추락 사고 현장 같은 곳에서 냉정함을 잃지 않고 보도하기란 정말 힘이 들었습니다. 가족을 찾기 위해 우왕좌왕하며 울부짖는 사람들 옆에서 어떻게 그냥 인터뷰만 할 수가 있었겠어요? 또 오프라는 어린이를 학대하는 사람들, 굶어죽는 사람들을 방치하는 사회에 대한 보도를 할 때면 어김없이 분노한 표정과 말투를 내비쳤습니다.

방송 책임자들은 오프라의 방송을 보며 머리를 흔들었습니다. 너무 감정적이어서 뉴스를 망친다고 생각했지요. 오프라도 고쳐 보려고 노력했지만 허사였어요.

결국 3년 만에 오프라는 <사람들은 말하고 있다>라는 아침 방송의 토크쇼 진행자로 밀려났습니다.

그때만 해도 토크쇼는 그다지 인기 있는 방송이 아니었지요.

물 만난 물고기처럼

〈사람들은 말하고 있다〉라는 토크쇼 첫 방송을 끝내고 나오는 날, 오프라는 속으로 크게 외쳤습니다.

'바로 이거야! 하나님, 감사합니다!'

왜냐하면 토크쇼야말로 자기가 하고자 했던 일이라는 걸 깨달은 순간이었거든요. 토크쇼 진행은 숨을 쉬는 것처럼 편안했습니다. 방송 일에 대한 자신감도 커졌어요. 타고난 이야기꾼이기도 한 오프라는 출연자의 말을 잘 들어 주면서도 핵심적인 질문을 하는 법을 아주 빨리 터득했어요. 사람들이 오프라에게 어떻게 방송을 그리 잘하냐고 비결을 물으면 오프라는 곧잘 이렇게 대답했어요.

"사람들은 누구든지 자신의 이야기를 하고 싶어 해요. 그러니까 우리는 사람들을 불러내어 방송에서 꼭 듣고 싶은 부분을 제대로 질문만 하면 되는 거예요."

처음에 방송을 평가하는 전문가들은 "토크쇼는 쓰레기야. 자신의 얘기를 부끄럼 없이 털어놓으면서 울고 짜고 하지. 마치 휴지 조각 같아."라고 하면서 토크쇼를 낮추봤습니다.
그러나 시청자들은 자기와 다름없는 평범한 사람들이 방송에 나가 자신의 경험이나 생각을 털어놓는다는 것에 정말 신이 나고 신기했어요. 토크쇼의 인기는 날로 더해 갔습니다. 특히 낮 동안 직장에 나가지 않는 주부들과 노인들은 토크쇼를 통해 세상 돌아가는 얘기를 즐겨 들었습니다. 토크쇼는 이제 전 세계에서 무척 인기 있는 방송 중의 하나가 되었죠. 그러자 방송국들도 너도나도 뛰어들어 토크쇼를 만들기 시작했습니다.

사실 초기에 토크쇼라는 방송 형식의 기틀을 잡고 인기를 올려놓은 것은 필 도나휴라는 진행자였습니다. 그는 25년 동안 토크쇼를 진행하면서 시시한 농담과 코미디가 주를 이루었던 토크쇼를 이야기 중심 토크쇼로 바꾸었습니다. 즉 주부나 평범한 사람들을 출연자나 방청객으로 초청하여 어떤 주제에 대한 의견을 듣는 방식을 필 도나휴가 정착시킨 거지요.

오프라는 항상 어떻게 하면 가장 인기 있는 〈필 도나휴 쇼〉를 따라잡을까 고민했어요. 처음엔 필 도나휴의 말투를 흉내 내다가 스스로 깜짝 놀라기도 했어요.

"앗, 이건 필 도나휴 그대로네. 안 돼. 나만의 개성과 스타일이 있어야 해."

오프라는 지난 방송을 다시 돌려보면서 자기 자신을 연구했습니다.

'그래, 딱딱하고 틀에 박힌 진행은 나에게 맞지 않아!'

오프라는 자기만의 개성을 그대로 살려 나가기로 했어요.

그냥 자연스럽게 하는 것입니다. 격식을 갖춘 도나휴에
비하면 정말 꾸밈이 없었죠. 출연자가 스튜디오에 들어오는
순간 오프라는 마치 자기 집에 놀러 온 친구에게 하듯
편안히 대화를 시작했습니다.

"오늘 이 자리에 오신 분들은 너무 멋져요. 텔레비전에
나온다고 머리도 새로 단장하시고 예쁜 옷도 입으셨네요."

그렇게 방청객 한 사람, 한 사람에게 인사말을 건넸습니다.
또 자신이 하고 싶었던 말을 그대로 했습니다. 미리 대본을
읽고 외워서 질문하는 경우는 거의 없었습니다. 자연스럽게
출연자들도 솔직한 자신의 감정이나 생각을 말할 수 있게
되었죠. 유명한 스타들도 다른 인터뷰에서와는 달리
오프라의 쇼에서는 자신의 모습을 솔직하게 다
드러냈습니다.

오프라의 토크쇼는 나날이 인기가 높아 갔어요.
오프라는 출연자의 생생한 의견과 대답을 잘 이끌어 냈습니다.
또 방청객들과 직접 의견을 나누거나 질문을 주고받기도

했습니다. 그래서 오프라가 방청객 사이사이로 움직이면 카메라도 따라다니며 사람들을 비추었어요.

그런가 하면 오프라의 솔직한 말투도 장점이었습니다.

한 번은 10대 가출 청소년을 초대해 이야기를 나눌 때였어요. 그 아이는 계속 징징거리면서 부모를 원망하고 사회를 비난했어요. 또 아무도 자기에게 관심이 없다고 투덜거렸어요. 오프라는 생방송 중인데도 이렇게 쏘아붙였습니다.

"이봐요 젊은이, 그렇게 징징대지 말아요. 우는 것만으론 아무것도 바뀌지 않아요. 젊은이가 스스로 변화하려고 노력하지 않으면 아무도 젊은이를 도와줄 수 없어요."

청소년 시절 한때 비슷한 경험을 했던 오프라는 그 청소년이 남의 탓만 하는 것이 못마땅했습니다. 무엇보다 도움을 받으려고 스스로 노력하지 않는 한 아무도 자기를 도와줄 수 없다는 걸 알려 주고 싶었어요.
방송 말미에 오프라는 이렇게 말했습니다.

"청소년 여러분, 저처럼 성공하고 싶은가요? 그렇다면 이어폰을 끼고 음악이나 들으면서 수업 시간을 소홀히 해서는 안 돼요. 글도 제대로 이해 못하고 셈도 못하면서 멋진 차, 멋진 집이 저절로 생길 거라고 생각해선 안 되지요."

오프라는 방송에서 다양한 사람들의 생각을 골고루 들어 보는 것도 중요하게 여겼습니다. 한 번은 KKK단의 단원을 초대한 적도 있었어요. 1866년에 처음 생긴 KKK단은 흑인을 극도로 미워하는 백인 단체입니다. 이들은 백인만이 가장 우월한 사람들이라면서 종종 흑인들을 때리거나 못살게 굴곤 했어요.

방송국 밖에서는 흑인들이 모여 피켓을 들고 KKK단에 대한 반대 시위까지 했어요. 혹시라도 있을 수 있는 양측 간의 싸움을 막으려고 경찰까지 동원하는 험악한 분위기였죠.

그러한 가운데서도 오프라는 침착하게 KKK 단원의 말을 끝까지 들어 주었습니다. 그리고 왜 흑인을 미워하는지 그 단원이 직접 설명하게 했습니다. 그 사람은 인종적으로 백인이 흑인보다 뛰어나다는 둥 하나님이 백인을 택하셨다는 둥 이치에 맞지 않는 이유를 이것저것 얘기했습니다. 결국 그것이 얼마나 잘못된 생각인지 스스로 폭로한 꼴이 되었지요.

오프라는 나중에 이 방송을 마무리하며 이렇게

말했습니다.

"바로 이런 사람들의 말을 직접 들어 보는 것이, 어째서 우리가 인종 차별에 분노해야 하는가를 제대로 알 수 있게 하는 것입니다."

때때로 오프라는 매 맞는 여성 문제나 아동 학대, 마약과 학교 폭력, 이혼과 가족 갈등 문제 등 자극적이고 어두운 주제를 가지고 토크쇼를 진행하기도 했습니다. 물론 여기에는 그러한 경험을 가진 사람들을 출연시켰습니다.
방송 비평가들은 토크쇼가 괜한 호기심만 부추긴다고 비난했습니다. 그러나 오프라의 생각은 달랐습니다.

'토크쇼는 실제 생활에서 일어나는 어려운 문제를 다룸으로써 똑같은 처지에 놓인 사람들에게 용기를 주고 문제를 해결할 방법을 찾는 데 힘이 되어야 해.'

어떤 날은 형제나 친구와 사이가 좋지 않은 사람들을 불러 모아 이야기를 들어 주거나 화해의 자리를 마련하기도 했습니다. 오프라 자신도 방송을 통해 자기와 사이가 안 좋던 여동생과 화해했어요. 그 여동생은 어머니 집에 살 때 같이 지내던 이복 여동생이었는데 오프라가 청소년 시절 저질렀던 잘못을 여기저기 떠들고 다녔어요. 그 때문에 오프라는 수차례 신문이나 잡지의 가십난에 오르내렸지요. 오프라가 10대 때 가출한 일과 남자 친구를 여럿 사귀며 방종한 생활을 한 일 등 오프라가 감추고 싶어 하던 일들이 신문에 났어요. 사실 그 여동생은 방송계에서 성공한 오프라에게 돈을 많이 요구했다가 거절당한 뒤 불만을 품었던 것입니다.

오프라는 그간 학교를 마치면 좋은 일자리를 알아봐 주겠다고 하면서 학비까지 보태 줬어요. 하지만 여동생은 그때마다 돈을 다 써 버리고 학교를 그만두는 등 행실이

좋지 않았습니다.

그러나 오프라는 여동생을 용서하기로 했습니다.

"나 자신이 동생과 화해하지 못하면서 남들에게만 이래라 저래라 할 수는 없죠."

오프라는 정말 힘들었지만 다른 사람들에게 모범을 보여 주고 싶었던 거예요.

이 방송을 본 시청자들은 깊이 감동했습니다. 가족 간에 화목을 도모해야겠다는 생각으로, 방송이 끝나자마자 부모나 형제에게 안부 전화를 걸기도 했습니다.

시청자들은 오프라의 솔직한 태도에 열광했습니다. 항상 예쁜 말이나 표정만 지어 보이는 다른 진행자들과는 달랐거든요. 마치 친구나 가족처럼 여기게 되었죠. 여기저기서 생일 파티나 결혼식, 교회 모임에 와 달라는 편지와 초청장이 밀려들었습니다. 개인적인 고민을 호소하는 편지가 수없이 날아들었습니다. 심지어 오프라를 정신 치료사로 여기는 청취자도 있을 정도였습니다.

곧 오프라의 토크쇼는 볼티모어에서 시청률 1위가 되었으며 전국 열두 곳에나 방송되었어요.

 어느 날 시카고의 유명한 방송국인 WLS-TV에서 오프라에게 이력서와 오디션 테이프를 보내 달라는 연락이 왔습니다. 시카고는 미국의 주요 대도시 중 하나로 만약 그곳에 진출한다면, 정말 유명한 방송인이 되는 건 시간문제였습니다. 오프라는 벌써부터 가슴이 뛰었습니다.

'드디어 나에게 좋은 기회가 온 거야. 그런데 나처럼 뚱뚱하고 흑인인 여자를 시카고 TV에서 받아 줄까?'

1984년 겨울 오프라는 추운 시카고로 옮겨 옵니다. 마침내 WLS-TV 방송국에 취직이 된 겁니다. 따뜻한 남부 지방에서 나고 자란 오프라는 시카고의 혹독한 추위가 익숙하지 않았습니다. 그럼에도 이 으리으리한 대도시가 맘에 쏙 들었습니다. 바쁘게 움직이는 많은 사람들 속에서 희망찬 활기를 느꼈거든요. 공항을 나선 오프라는 추운 시카고 거리를 큰 걸음으로 힘차게 걸었습니다.
"자, 1년 후엔 시카고의 모든 사람들이 날 알아보게 하는 거야. 2년 후엔 내가 지나가면 몰려들어 구경할 정도로 유명해지는 거고. 그리고 3년 후엔 필 도나휴를 보면서 '안녕하세요, 도나휴 씨. 당신의 방송을 가끔씩 잘 보고 있답니다.' 라고 인사할 수 있도록 성공하는 거야."

사실 시카고는 토크쇼의 왕 필 도나휴의 고향이었어요.

다른 사람들이 보기에 오프라가 그에게 맞서 토크쇼에서 성공할 확률은 거의 없어 보였습니다. 더욱이 시카고는 오래전부터 인종 차별로 유명한 도시였고요.

오프라가 처음 진행한 〈시카고의 아침〉은 〈필 도나휴 쇼〉와 방송 시간이 똑같아 경쟁을 피할래야 피할 수 없었습니다. 오프라는 남자 진행자와 공동으로 이 방송을 진행했는데 자기만의 개성과 열정을 다 바쳐 정말 열심히 했지요.

그리하여 〈시카고의 아침〉은 단 한 달 만에 시카고에서 제일가는 토크쇼로 우뚝 섰습니다. 오프라가 대중을 파고드는 힘이 얼마나 깊고 강한지 시청률이 말해 준 것입니다. 그리고 다섯 달이 채 못 되어서 〈시카고의 아침〉은 그렇게도 단단하던 〈필 도나휴 쇼〉를 정상의 자리에서 밀어냅니다. 경쟁에서 진 〈필 도나휴 쇼〉가 뉴욕으로 옮겨 간 거예요.

더욱이 〈시카고의 아침〉 또한 오프라 자신의 이름을 내건 〈오프라 윈프리 쇼〉로 이름이 바뀌었습니다. 진행도 오프라 혼자서 하게 되었습니다. 오프라로서는 정말 눈부신

성공이었습니다. 미국 남부 태생의 흑인 여자가
인종 차별주의가 심한 백인 중심의 대도시에서 당당히 자신의
이름을 내걸고 최고의 토크쇼 진행자가 된 것입니다.
그것은 기적과도 같은 일이었습니다.
이제 막 서른 살이 된 오프라는 1년에 3천만 달러라는
어마어마한 수입과 수백만의 열광적인
팬들을 가진 유명인이 되었습니다.

〈오프라 윈프리 쇼〉, 에미상을 수상하다

　〈오프라 윈프리 쇼〉는 매년 전국 1, 2위의 시청률을 다투는 토크쇼로 성장했습니다. 그리고 1987년 드디어 '에미상'을 수상했습니다. '에미상'이란 '텔레비전계의 아카데미상 (미국에서 가장 권위 있는 영화상)'으로 불립니다. 텔레비전에 방영된 것 가운데 우수한 방송과 연기를 잘한 사람들에게 수여하는 상이지요.
　오프라는 첫 수상 소감에서 필 도나휴에게 감사와 함께 공을 돌렸습니다.
　"만약 도나휴 씨가 없었다면 저의 토크쇼도 없었을 거예요.

그가 일찍부터 토크쇼의 길을 잘 닦아 놓은 덕에,
저는 어려움 없이 좋은 방송만 하면 됐거든요.
그는 그의 분야에서 큰 왕국을 건설한 분입니다.
그가 바로 '오프라'를 있게 했습니다. 그가 제게 '당신은
이 상을 받을 자격이 충분하다.'고 말해 줬을 때 저는
제 자신이 무척 자랑스러웠어요. 도나휴 씨, 정말 고맙습니다."

  그간 언론에서 도나휴와 오프라가 사이가 안 좋다고
떠들어 대던 것이 모두 지어 낸 이야기라는 것이 증명되는
순간이었지요. 오프라는 이렇게 모든 사람을 존중하면서
그 사람의 장점을 본받고자 했습니다. 뿐만 아니라 진실한
인간 관계를 가꾸어 가는 일을 아주 소중하게 생각했습니다.
그리하여 경쟁자였던 필 도나휴와도 계속 좋은 관계를
유지할 수 있었지요.

  〈오프라 윈프리 쇼〉는 20년 가까이 이어지는 동안 39회나
'에미상'을 수상했습니다. 오프라 역시 1998년에는
마흔네 살이라는 나이로 '평생 공로상'을 수상하는 영광을

누립니다. '평생 공로상'을 받기에는 아직 상당히 이른 나이였지요. 그 외에 '호레이저 알저 상'을 수상하기도 했습니다. '호레이저 알저 상'은 어려운 환경을 극복하고 자기 분야에서 뛰어난 업적을 이룩한 지도자에게 주는 상입니다. 오프라 윈프리의 끝없는 노력과 열정을 높이 평가한 의미 있는 상이었죠. 이 외에도 '스마트 레이디 상' 등 잡지나 언론사에서 주는 크고 작은 상을 수없이 받았습니다.

이 유명세로 인하여 오프라는 자신의 출신 학교인 테네시 주립 대학에 졸업식 축하 연사로 참여하기도 했습니다.

이제 미국 내에서는 오프라를 모르는 사람이 거의 없습니다. 나아가 〈오프라 윈프리 쇼〉가 유럽, 아시아, 남아메리카 여러 나라와 몽고, 방글라데시, 키프로스 등 지구촌 130여 개의 나라에서 방영된 덕에 오프라는 세계적인 여성 토크쇼 진행자가 되었습니다.

1984년, 오프라는 스필버그 감독의 영화 〈칼라 퍼플〉에 조연으로 출연해 영화계로 발을 넓혔습니다. 그 뒤에도

여섯 편의 영화에 더 출연했습니다.
어린 시절 셜리 템플을 보며 소망했던 영화 배우의 꿈을
마침내 이룬 것입니다.

오프라가 흑인들의 삶을 다룬 영화 〈칼라 퍼플〉에
출연했을 때 사람들은 이렇게 물었어요.

"오프라 윈프리 씨, 밭에서 일하거나 물 긷는 연기가
힘들지 않았나요?"

오프라는 씩 웃으며 대답했습니다.

"천만에요, 전 어릴 때 물을 많이 길었거든요."

〈칼라 퍼플〉을 통해 오프라는 '골든글로브상'까지
받았답니다. 어렸을 적 교회에서 연극을 잘해 칭찬받던
그 연기력을 유감없이 발휘한 덕이었지요.

오프라는 여기에 만족하지 않았습니다.
1988년 마침내 자신의 영문 이름 '오프라(Oprah)'를
거꾸로 한 '하포(Harpo)' 프로덕션을 설립합니다.
이 회사는 〈오프라 윈프리 쇼〉의 모든 방송을 제작하고

배급을 맡아 했습니다.
텔레비전 방송 기획이나 제작, 출연자 선정과 섭외, 광고 등 모든 활동이 거의 대부분 오프라의 손에서 결정되었습니다.
이제 오프라는 큰 사업체를 운영하는 경영자로까지 자신의 능력을 넓혀 나간 것입니다.

오프라의 힘

〈오프라 윈프리 쇼〉의 인기와 더불어 하포 프로덕션이 좋은 방송을 더 많이 제작하여 판 덕에 오프라는 엄청난 돈을 벌었습니다. 미국의 경제 잡지들은 매년 돈을 가장 많이 번 여성으로 오프라를 뽑았습니다. 그러나 오프라는 돈 때문에 방송 일을 하는 사람이 결코 아닙니다.

오프라가 소유한 재산은 아주 작은 나라들의 국민 총생산과 맞먹을 정도로 어마어마합니다. 사실 더 이상 일하지 않고도 여태껏 벌어 놓은 돈만으로 평생을 큰 부자로 살 수 있을 정도입니다. 하지만 오프라는 지금도 방송 일을 계속하며

끊임없이 새로운 방송을 제작하고 있습니다.
또 〈오프라 윈프리 쇼〉의 개선에도 전심전력하고 있어요.

 언젠가 인터뷰에서 오프라는 "저는 정말 운이 좋아요. 어떤 사람들은 오직 돈을 모으기 위해서 또는 단지 먹고 살기 위해서 하기 싫은 일을 억지로 해요. 그렇지만 저는 제가 좋아하는 일을 하면서도 돈을 아주 많이 벌 수 있거든요." 라고 한 적이 있어요. 또 "돈으로 저택을 넓히거나 저택의 수를 늘려 갈 수는 있어요. 하지만 돈은 중요한 게 아니에요. 더 중요한 것은 우리가 가치 있다고 여기는 것에 투자하는 것이지요."라고 했습니다. 일 자체를 사랑하는 사람이 아니고서는 할 수 없는 말들이지요.

 그녀는 큰 회사를 경영하는 경영자로서 분명한 원칙을 내세웠는데 바로 '따뜻한 심장이 있는 경영' 입니다. 회사 직원들에게 생일 선물을 직접 골라 보내 주거나 작은 식당에서 식사를 함께 하는 등 오프라는 세심하게 사람을 챙겼습니다. 마치 한 식구처럼 직원을 대했지요. 그러자 직원들도 성심성의껏 일함으로써 그 마음에 보답했어요.

이제 오프라는 그녀의 천문학적인 재산을 도움이 필요한 이들에게 적절하게 나눠 주었습니다. 먼저 교육과 독서 장려 프로그램에 매년 수백만 달러씩 기부했습니다. 애틀랜타의 흑인 교양학교에 많은 돈을 기부했고 흑인 여성대학인 스펠먼 대학에 과학교육기금을 조성해 주었습니다. 또한 '더 나은 기회를 주자(A Better Chance)'라는 장학기구의 대표로서, 대도시 빈곤층 자녀들의 대학 진학을 돕기 위한 계획과 실천에 앞장섰습니다. 오프라 자신이 입었던 그 혜택을 몇 갑절로 되돌려준 것이지요.

한편 '천사들의 통신'을 설립해 오프라 하우스 건립이라는 '빈곤층에 집 지어 주기 운동'과 '세계에서 가장 큰 돼지 저금통 운동'을 이끌었습니다. 또 아프리카 흑인들을 위한 학교 설립과 생활 개선에도 많은 도움을 줍니다. 오프라 자신이 흑인임을 결코 잊지 않은 것입니다. 오프라는 지금 이 순간에도 그렇게 전 세계의 빈곤한 사람과 어린이에게 자신이 번 돈을 값지게 쓰고 있답니다.

오프라의 힘은 사회에서 일어나는 옳지 않은 일에 대해 바로 말할 수 있다는 점에서도 드러납니다. '아동의 해'인 1990년 한 해 〈오프라 윈프리 쇼〉는 적어도 한 달에 한 번씩은 꼭 어린이 문제에 관한 토론을 했습니다. 아동 폭력이나 아동 성 학대, 아동을 무시하는 크고 작은 행위들에 대해 사회의 관심을 집중시켰지요.

1991년에는 '아동 보호법'을 제안하기도 했습니다. 오프라는 이 법의 제정을 위해 직접 국회에 나아가 오프라 자신의 경험과 방송 사례를 증언하기도 했어요. 어린 시절 부모와 사회의 보호를 제대로 받지 못했던 오프라는 아동 보호에 큰 사명감을 느꼈습니다.

오프라와 협력자들의 끊임없는 노력으로 1993년 마침내 일명 '오프라 법안'이라 불리는 이 법안에 클린턴 대통령이 서명을 합니다. 미국에서는 어린이를 때리거나 성폭행을 한 사람에게 무시무시한 벌을 주는데, 이게 바로 '오프라 법안'의 힘입니다. 언젠가 할머니가 예언한 대로 오프라는 '강한 자가 되어 약한 자를 도와주는' 사람이 된 것이지요.

　아동 보호에 대한 오프라의 관심은 폭력과 학대를 막는 데 그치지 않았습니다. 미국에서 끊임없이 일어나는 총기 사용 문제에까지 그 범위를 넓혔습니다. 오프라는 일반인들의 외면에도 불구하고 지금도 계속 '총기류 소지 반대 운동'에 앞장서고 있습니다. 길거리나 학교에서 총기 사고로 목숨을 잃는 아이들이 해마다 크게 증가하고 있기 때문입니다.

　오프라는 생각했습니다.
'그런 안타까운 일이 다시는 없도록 해야 해! 나는 내가 할 수 있는 모든 일을 하겠어.'

　1996년에는 '오프라 폭락'이라 불리는 유명한 사건이 있었습니다. 최근에 다시 큰 문제가 된 광우병 소동에 관한 것이었지요. 당시 '미국 인도적 협회' 회장이 〈오프라 윈프리 쇼〉에 나와 영국에서 일어난 광우병에 대해 이렇게 경고했습니다.

"미국에서의 소 사육 과정을 볼 때 광우병은 미국에서도 충분히 일어날 수 있는 일입니다."

이에 오프라는 방송 중에 "너무 끔찍해서 햄버거는 한 조각도 더 먹고 싶지 않네요." 하고 말했어요.

그것을 본 시청자의 반응은 대단했습니다. 그렇지 않아도 하향세에 있던 쇠고기 값이 하루아침에 폭락한 겁니다.

이것은 미국에 있어서 광우병에 대한 최초의 경고였지요. 광우병은 4~5세의 소에서 발생하는 전염병으로, 이 병에 걸린 소는 뇌에 구멍이 생겨서 갑자기 난폭해지고 정신이 이상해지거나 제대로 움직이지 못하는 등의 행동을 보입니다. 1996년 영국에서는 이 병이 사람에게도 감염될 가능성이 있음을 인정했지요.

곧 목축업자들의 거센 반발과 고발이 뒤따랐고 〈오프라 윈프리 쇼〉는 한 번 더 이 주제를 가지고 방송을 했어요. 이번에는 '목축업자 쇠고기 협회'에서 나와 미국의 소들은 안전하다고 변명할 기회를 줍니다. 그러나 이걸로 만족하지 못한 목축업자들은 사람들이 쇠고기를 먹지 않아 큰 손해를 봤다며 오프라를 법정에까지 세웁니다. 당당하게 법정에 선 오프라는 이렇게 말합니다.

"우리 제작사와 저는 출연자들에게 자유롭게 자신의 이야기를 말하되 정직하게 진실만을 말하기를 요구합니다. 제 출연자들은 이것을 충실히 따르고 있습니다."

법정은 오프라에게 언론의 자유를 인정해 무죄를 선고했습니다. 실제로 이 소송 중에 어떤 목축업자는 미국산 햄버거 쇠고기의 생산과 유통 과정에 문제가 있다고 인정하는 사연을 보내기도 했답니다.

이 사건을 계기로 미국인들은 안전한 쇠고기에 대해 다시 한 번 생각하게 됐고, 쇠고기 생산과 판매 과정이 좀더 위생적으로 바뀌었습니다. 어쨌든 놀라운 것은, 〈오프라 윈프리 쇼〉가 이 문제에 가장 먼저 관심을 가진 미국 방송이었다는 겁니다. 또 오프라의 토크쇼가 사회에 끼치는 영향이 엄청나다는 사실을 증명해 준 일이기도 했지요.

오프라가 사회에 끼친 유익한 영향이 하나 더 있습니다. 오프라가 어릴 때부터 유명한 독서광이었던 것을 기억하지요?

오프라는 그녀의 재산을 털어 여러 도서관에 책을 기증하는 데서 나아가 1996년 자신의 토크쇼에 '북클럽' 코너를 만들었어요. 토크쇼의 재미를 떨어뜨릴 수도 있는, 어쩌면 모험이라 할 만한 시도였지요. 우려의 목소리도 높았어요. 그렇지만 오프라는 시청자들과 함께 '좋은 책 읽는 즐거움'을 나누기를 바랐어요.

뚜껑을 열었을 때, 뜻밖에 사람들의 관심을 크게 불러 모았습니다. 오프라가 소개한 책은 어떤 책이든 아주 잘 팔려서 곧 베스트셀러가 되었지요.

어느 비평가가 '오프라 현상'이라고 부를 정도로 사람들은 오프라의 추천에 안심을 하고 책을 사서 읽게 됩니다.

그 덕에 이름이 아직 알려지지 않아

구석에 박혀 있던 작가의 책도 훨훨 먼지를 떨고 사람들의 손에 쥐어지기도 했답니다.
'미국 도서관 협회'는 오프라가 독서 인구를 늘리는 데 크게 이바지했다고 칭송하며 미국 도서관협회 창립 50주년에 골드메달을 수여했습니다.

시청자들은 토크쇼를 통해 오프라가 뭘 입고, 뭘 읽고, 뭘 생각하는지, 누굴 만나는지, 큰 관심을 가지고 지켜봅니다. 오프라는 그들에게 성공의 모델로서 모범이 되어야 하는 것이지요. 때문에 오프라는 어깨가 점점 무겁다고 털어놓습니다. 그러면서도 다른 사람들에게 스스로 자신감을 갖고 노력하는 것이 중요하다고 조언합니다. 스스로도 자신감을 갖고 어려움을 헤쳐 나온 사람이니까요.
그러나 이런 오프라에게도 자신감을 유지하기 어려운 일이 하나 있었습니다. 바로 자신의 엄청난 체중이었어요. 오프라는 빈틈없는 일정과 방송 스트레스로 한때 100킬로그램 가까이 체중이 불어났습니다.

많은 신문이나 잡지에 오프라의 거대한 몸집을 비웃는
기사가 났어요. 흑인 여성의 엄청난 성공을 시샘하는 사람들이
오프라를 놀리는 일에 관한 기사를 싣기도 했습니다.

  문제 의식에 직면한 오프라는 고통스런 식이요법과
꾸준한 운동을 통해 비만을 극복해 보였어요.
자신의 키에 꼭 맞는, 적절한 체중으로 돌아간 겁니다.
나아가 그녀는 자신의 도전 정신을 좀더 시험하고자,
1994년 '워싱턴 마라톤 대회'에 출전해 마라톤 풀코스인
42.195킬로미터를 완주하였습니다.

  오프라는 단순히 성공한 여성이나 흑인의 우상이 아니라,
끝없는 도전과 노력으로 좀더 나은 자기 자신을 만들어 가는
사람이었던 것입니다.

  어린이 여러분, 방송계의 큰 별 오프라 윈프리처럼
사회에서 성공하고 나아가 사회에 공헌하는 사람이 되려면
어떻게 해야 할까요? 지금 내가 처해 있는 상황이 나쁘다고,
또 나는 머리가 나쁘니까 하고 투정만 할 건가요?

우선, 여러 방면의 책을 많이 읽고 지식을 넓히세요. 또 학교에서의 체계적인 교육을 잘 받고 보다 성실하게 생활하세요. 아울러 자신이 뭘 잘할 수 있는지 곰곰이 생각하고 그 길을 찾아보세요. 일단 길이 보이면 하나의 목표를 세우고 줄기차게 노력하는 것이 그 다음입니다.

참, 어떤 경우에도 '자신감'을 잃지 않는 것이 중요해요. 오프라 윈프리처럼요! 가끔 어려움에 빠지면 주변 사람들에게 도움을 구해 보는 것도 잊지 마세요!

글 이 창 숙

한양대학교 교육학과를 졸업하고
중학교에서 5년간 도덕 선생님으로 재직했습니다.
그 뒤 미국에서 5년간 살다가 돌아와 방송 모니터 일과
어린이 영어 지도를 했습니다.
현재는 서울 양천구 주부독서회인 〈글두레〉 회원으로서,
책 읽고 글 쓰는 일을 하고 있으며,
또한 아동 심리 상담소에서 일하고 있습니다.

그림 안 창 숙

가톨릭대학교 의상학과를 졸업한 뒤
어린이 그림책에 관심을 갖고 일러스트를 공부했습니다.
2000년 출판미술대전에서 입상한 바 있습니다.
〈도로시와 마법사 오즈〉, 〈이솝이야기〉, 〈페스탈로치〉,
〈녹색 세상을 꿈꾼 여성 정치가 페트라 켈리〉,
〈청국을 기행하며 조선의 개혁을 꿈꾸다-열하일기〉 등에 그림을 그렸습니다.
앞으로도 꿈과 희망을 그리는 마음으로 좋은 그림책을 그릴 계획입니다.